AF402656

PLAN

DE

RÉFORME FINANCIÈRE

APPROPRIÉ

AUX BESOINS DE LA RÉPUBLIQUE

ET POUVANT LA METTRE A MÊME DE TENIR TOUTES SES PROMESSES,

PAR UN RECEVEUR DES FINANCES.

NIMES.

A PARIS,

TYPOGRAPHIE BALLIVET ET FABRE,
RUE DE L'HOTEL-DE-VILLE, 11.

CHEZ GIRAUD, LIBRAIRE,
RUE BUSSY, 6.

1848

AVIS.

L'auteur de ce plan de réforme financière avait publié ses idées sur cette matière dans une brochure à l'adresse de l'ancien gouvernement, mais trop tard, puisqu'elle ne sortit des mains de l'imprimeur que le 22 février. Des nécessités de position et la crainte de blesser les optimistes et les satisfaits qui nous dominaient alors, lui avait imposé un langage qui était loin de sa pensée; il n'avait fait qu'indiquer l'impôt progressif sans oser dire comment il pourrait être praticable. Il a donc cru devoir supprimer cette brochure et compléter son œevre en la rendant plus substantielle et plus claire, ainsi qu'on le verra dans cette dernière.

RÉFORME FINANCIÈRE.

La dynastie de Juillet vient de tomber ; elle serait encore debout si ses ministres n'avaient pas méconnu ce grand principe d'économie politique qui dit que c'est par les finances qu'on gouverne les empires ; si, moins occupés du besoin de se maintenir au pouvoir en se créant dans les chambres une majorité factice, ils eussent été moins absorbés par les exigences de ces intrigues égoïstes qui s'agitaient autour de lui et dont les moins funestes effets étaient de peupler les administrations de médiocrités, sinon de nullités, au mépris des droits les mieux acquis ; si, enfin, ils avaient su nous guider dans la voie du progrès par une réforme financière devenue si nécessaire.

Mais si cette réforme était devenue nécessaire en temps de calme, elle l'est bien davantage après une grande crise, alors que les sources du revenu tarissent et que les besoins augmentent ; et si elle aurait pu avoir de grands résultats, il y a quelques mois, aujourd'hui, elle me paraît indispensable pour compléter et consolider la grande réforme politique qui vient de s'accomplir.

Nous avons en France deux grands principes d'organisation sociale qui n'existent chez aucune autre nation de l'Europe, la centralisation, c'est-à-dire la force que produit l'union, et le morcellement de la propriété qui opère le partage de la fortune publique dans la plus juste des proportions, celle du travail et de l'intelligence, et permet au plus grand nombre possible de citoyens de pratiquer l'agriculture et par conséquent d'avoir une part dans les capitaux puisque l'agriculture et le travail sont la première source des capitaux. Sous ce point de vue, ne peut-on pas considérer le morcellement de la propriété comme le complément de la révolution de 89, la réalisation des théories qui l'ont produite, et ne pourrait-on pas dire qu'elle est aussi celle des rêveries communistes autant qu'elles peuvent être compatibles avec la conservation de la société nationale? C'est aussi le morcellement de la propriété qui a fait l'importance de cette classe moyenne qui possède aujourd'hui les trois quarts du sol et du capital national, pour laquelle les caisses d'épargnes n'ont pas été instituées, qui reste étrangère aux mouvemens de la Bourse, dont la propriété appauvrit le capital roulant qui y fonctionne, puisque ses épargnes sont en grande partie prises sur ce capital, et reçoivent entre ces mains une autre destination. Telles sont les théories sur lesquelles il est urgent d'appeler l'attention des hommes qui vont fonder nos nouvelles institutions. Le moment est venu de poser les bases d'une bonne organisation financière.

Toutes nos lois fiscales, toutes celles qui régissent notre système de crédit public fonctionnent à faux puisqu'elles datent toutes des premières années de la République, époque où la société française était si différente de ce qu'elle est aujourd'hui. Elles ont donc besoin d'une prompte réforme; il est urgent de les mettre en rapport avec les changemens immenses qui se sont produits dans notre organisation sociale depuis qu'elles sont en vigueur et de les approprier aux besoins de cette classe moyenne dont je viens de parler et qui aujourd'hui est la nation.

Il ne suffit pas que l'impôt soit proportionnel pour être juste ; il faut encore qu'il soit progressif, chacun devant supporter une part des charges publiques en rapport avec l'intérêt qu'il a au maintien de ce qui est. Il faut donc que le riche paie une cote progressive et somptuaire qu'il devra s'estimer heureux de supporter comme une prime d'assurance qui le mettra à l'abri des conséquences de ces grandes convulsions sociales qui peuvent mettre en péril sa fortune et même sa vie ; tout dans notre situation présente semble indiquer la nécessité du triomphe de cette doctrine, soit pour obéir aux exigences du moment, soit pour éviter d'arriver par l'aristocratie financière et industrielle au point où l'Angleterre est arrivée par l'aristocratie foncière, au chancre du paupérisme.

Tels sont les principes sur lesquels sera établi le plan de réforme financière qu'on va lire. Il y a bientôt un demi-siècle que je payai ma première dette à mon pays, sur les champs de bataille de l'Empire ; je m'estimerais heureux de pouvoir au déclin de la vie lui en payer une nouvelle en contribuant à fixer la régénération nationale sur la plus solide de toutes les bases, celle de la prospérité financière.

Le premier besoin du moment où nous nous trouvons, c'est d'assurer les services, et, à cet effet, je crois qu'on doit maintenir provisoirement les quatre contributions directes telles qu'elles sont, sauf à demander plus tard la suppression de la personnelle qui.

est contre nature, puisqu'en naissant l'homme apporte
le droit de vivre et qu'il est injuste de lui faire payer
l'air qu'il respire ; mais sur les rôles des quatre contributions , il est facile d'imposer une cote progressive sur les bases suivantes :

En ajoutant à chaque cote de 100 à 200 fr. inclu-
sivement , 5 p. 0[0 en sus ;

Sur celles de 200 à 300 , 6 p. 0[0 ;

De 300 à 400 , 7 p. 0[0 ;

De 400 à 500 , 8 p. 0[0 ;

De 500 à 600 , 9 p. 0[0 ;

De 600 à 700 , 10 p. 0[0, et ainsi de suite , en aug-
mentant la cote progressive de 1 p. 0[0 pour chaque
100 fr. de plus jusqu'à la cote de 9,700 et au-dessus
qui seraient doublées.

Cette cote progressive ne serait pas portée sur les
rôles des contributions directes, mais sur un rôle spécial intitulé : *Rôle des contributions progressives et
somptuaires*, et ce rôle subirait annuellement des aug-
mentations ou des diminutions suivant les besoins du
trésor , à raison de tant pour cent.

Les contributions somptuaires seraient fondées sur
les bases établies par la loi du 7 thermidor an III avec
les mêmes tarifs modifiés de manière à ce qu'ils
n'aient pas les inconvéniens qu'on lui a reprochés. -
Je ne suis pas le premier qui ait eu la pensée d'un
impôt somptuaire , elle a déjà été émise à la chambre
des députés ; mais elle ne l'a été que mollement ; les
plus pitoyables raisons ont suffi pour la faire aban-
donner ; aucun journal, même des plus avancés ,
n'a cherché à la faire prévaloir , quoique le principe
de cet impôt fût aussi démocratique que possible.
On a dit qu'il ne produirait rien, que sa stérilité

avait été la cause de sa suppression, qu'il tuerait le
luxe, ruinerait les ouvriers, serait préjudiciable à
l'agriculture, etc.; il importe d'abord de bien faire
ressortir la différence qu'il y a entre notre époque et
celle où cet impôt fut décrété pour la première fois.
Il ne me sera pas difficile après cela de démontrer
qu'avec de bons tarifs, il n'aurait aucun des inconvéniens qu'on lui reproche.

Les lois du 7 thermidor an III et 22 thermidor an IV
ont été votées par les successeurs immédiats des Ro-
bespierre, des Danton, des St-Just et consorts, dont
ils avaient conservé toutes les allures. Comme eux,
ils n'avaient ni hôtels ni châteaux, étaient servis par
de modestes servantes, et se rendaient à pied à leurs
assemblées; nos rois de la bourse, qui affluaient naguère dans nos assemblées législatives en somptueux
équipages, nous persuaderont-ils que c'est pour n'a-
voir pas le moindre trait de ressemblance avec ces
hommes de sombre mémoire qu'ils ont repoussé jusqu'à
leur philanthropie? Les muscadins et les incroyables
traînaient dans la boue leurs gourdins et leurs bottes
à revers cirées à l'œuf par eux-mêmes, faute de domestiques ou d'artistes; ils ne connaissaient pas
comme nos dandys et nos lions tous les délices du lan-
daw, du tilbury, du briska, du wisky; ils assommaient
quelquefois, mais n'éclaboussaient personne. On n'a-
vait pas encore inventé ces jockeis-clubs, ces sports
dont les héros dépensent aujourd'hui plus d'argent
dans un jour que n'en dépensaient dans un an la plu-
part des membres du conseil des Cinq-Cents ou des
Anciens. Si quelques rares voitures suspendues étaient
vues dans les rues de nos grandes villes, c'étaient
celles de quelques fournissseurs ou de quelques femmes

entretenues. Aujourd'hui c'est par milliers qu'on les compte dans les mêmes villes, et, grâce à l'amélioration de nos routes, on en verra bientôt jusque dans nos plus petits villages.

Les châteaux avaient été détruits, toutes les distinctions sociales avaient disparu, un voile de deuil s'étendait sur toute la surface de la France ; chaque famille ayant un peu d'importance pleurait quelque victime ou le renversement de sa fortune par la confiscation, les assignats ou le maximum ; et ceux qui avaient pu sauver quelque chose du naufrage général se gardaient bien d'étaler le moindre luxe. Doit-on s'étonner, qu'en de pareilles circonstances, une loi somptuaire ait été sans résultats ? Doit-on conclure de ce qu'elle a été stérile, qu'elle le serait encore aujourd'hui, et ne dirait-on pas, au contraire, que ceux de qui elle émanait ne l'ont votée qu'en prévision d'un état de choses tel qu'il était naguère et qu'il reviendra sans doute ?

Quant au préjudice qu'elle causerait, dit-on, aux ouvriers et à l'agriculture, il faut examiner en détail les articles du tarif de celle de l'an III, pour se rendre compte du mérite de cette objection. Voici donc ce tarif :

Pour les cheminées, excepté celle des cuisines, des fours, des forges, fabriques et autres industries, dans les villes de 50,000 âmes et au-dessus, c'était pour la première 5 fr., pour la seconde 10 fr., pour la troisième et les autres 15 fr. ; dans les villes de 15 à 50,000 âmes, la moitié de ce tarif ; dans celles au-dessous, le quart.

Cet impôt est tout aussi pratiquable que celui des portes et fenêtres, établi en l'an VII, qui est aussi un impôt somptuaire et dont la perception n'éprouve aucune difficulté aujourd'hui , quoique dans l'origine il fût l'objet de la même répulsion que celui sur les cheminées. Je serais curieux de voir par quels argumens on pourrait prouver qu'il serait nuisible aux ouvriers ou préjudiciable à l'agriculture , et je serais bien surpris si, avec le tarif de l'an III , il ne produisait pas 40 ou 50 millions en grand moins.

Le second article imposait les chevaux et mulets de luxe, pour toutes les localités , à 20 fr. pour le premier , 40 fr. pour le second , 80 pour le troisième, et ainsi de suite toujours en doublant.

Ce tarif fut modifié les années suivantes , mais la loi n'établissait aucune distinction entre un cheval de service et un cheval de luxe , et considérait comme de luxe tout cheval attelé à une voiture suspendue. On conçoit qu'une pareille taxe puisse être considérée comme préjudiciable à l'agriculture et aux ouvriers ; mais elle cesserait d'avoir cet inconvénient si on en affranchissait tout cheval nécessaire à l'exercice d'une profession quelconque , quoique attelé à une voiture suspendue, même les chevaux d'un riche propriétaire exploitant sa propriété et y résidant , ainsi que ceux d'un industriel obligé d'aller visiter des fabriques situées à une distance déterminée de sa résidence.

Le troisième article imposait les domestiques ; le tarif était le même pour toutes les localités , c'était pour les domestiques hommes , pour le premier 6 fr., pour le second 25 fr. , pour le troisième 75 fr. , pour le quatrième et les autres 100 fr. pour chacun. Pour les domestiques femmes ou filles , c'était 1 fr. 50 pour la première, et 5 fr. pour la seconde et chacune des autres.

Ce tarif pourrait être élevé sans inconvéniens surtout pour les domestiques filles ou femmes et en affranchissant de la taxe les domestiques des deux sexes employés à une exploitation rurale ; je ne pense pas qu'on puisse soutenir qu'elle pût être nuisible aux ouvriers et à l'agriculture.

Enfin, le quatrième article imposait les voitures suspendues, à raison, pour toutes les localités, de 20 fr. par paire de roues, pour la première, 40 fr. pour la seconde, 120 fr. pour la troisième et les autres toujours en triplant. Je conviens que la reproduction de ce tarif serait très-préjudiciable aux ouvriers carrossiers puisqu'on devait payer pour toutes les voitures attelées ou non ; mais si celui qui n'a que deux chevaux pour les mettre tantôt à un coupé tantôt à une calèche pouvait avoir autant de voitures qu'il voudrait sans être obligé de payer pour plus d'une, si celui qui n'a point de chevaux n'était soumis à aucune taxe, quel que fût le nombre de voitures qu'il aurait dans ses remises, si l'huissier ou le maquignon qui achève d'user le tilbury qui a fait à Longchamps les délices d'un dandy n'était pas passible de la même taxe que ce dernier, les ouvriers carrossiers n'auraient pas à souffrir de cet impôt.

Les chiens n'étaient pas imposés par la loi de l'an III. La taxe à laquelle leurs maîtres pourraient être soumis serait un puissant auxiliaire de la dernière loi sur la chasse qui déjà tombe en désuétude, et, ne fût-elle que de 5 fr. par tête, si elle devait produire 10 ou 12 millions, elle ne serait pas à négliger, dût le *Charivari* y trouve le prétexte de quelques caricatures de plus.

La loi du 7 thermidor contenait en outre une disposition aussi juste que philanthropique ; elle voulait que la cote somptuaire des célibataires hommes et fem-

mes, des veufs et veuves sans enfans, fût augmentée
d'un tiers.

Après ce qu'on vient de lire, je ne pense pas possible de soutenir davantage qu'une bonne loi somptuaire, avec des tarifs sagement gradués, pût avoir
les inconvéniens qui l'ont fait repousser jusqu'à présent. Il nous reste à apprécier les résultats qu'elle
pourrait avoir sur notre situation financière, et l'effet
qu'elle produirait sur les esprits à l'intérieur comme à
l'extérieur.

Ses produits, joints à celui de l'impôt progressif et
aux réductions des dépenses que je vais indiquer, suf-
firaient bien au-delà pour procurer immédiatement la
réforme postale complète, l'entière suppression des
droits sur le sel et du décime de guerre, en tout environ 150 millions de diminution des recettes du budget, et il y aurait encore un excédant de recettes plus
que suffisant pour remplacer sur les valeurs publiques
l'action de la caisse d'amortissement, si on jugeait
convenable de la supprimer, comme je démontrerai
qu'il est possible de le faire. Voyons sur qui elle
pèserait. La classe pauvre ne paierait rien et serait
soulagée du poids des impôts que je viens d'indiquer ;
la partie la moins aisée de la classe moyenne serait
atteinte imperceptiblement, et, dans la proportion de
ses ressources, elle gagnerait par la suppression des
autres impôts plus que ce que le nouveau lui deman-
derait. La partie riche de la classe moyenne paierait
davantage, mais toujours dans la proportion de l'ai-
sance dont elle jouit, et serait amplement dédom-
magée par les suppressions.

La classe opulente seule pourrait ne pas trouver une
compensation complète dans les suppressions, mais

en serait-elle bien malheureuse et ne serait-ce pas
justice? Il n'y a donc qu'à braver le mécontente-
ment de quelques hommes pour établir une loi somptuaire? Un pareil inconvénient peut-il balancer les
avantages immenses qui en seraient le résultat, puisqu'à l'intérieur il donnerait satisfaction à l'opinion publique? il ferait faire un grand pas au progrès et affer-
mirait nos institutions. A l'extérieur il donnerait une
haute idée des ressources de la France, et grandirait
son influence sur les peuples qui aspirent à nous
imiter.

Mais la réforme de quelques lois fiscales n'est pas
la seule nécessité de notre époque; et s'il est reconnu,
comme je l'ai avancé, qu'en raison de l'importance
acquise par la classe moyenne par l'effet de la divi-
sion des propriétés, du travail et de l'économie se-
condés par le temps, qui lui a permis d'absorber
la plus grande portion de la fortune publique; si,
dis-je, on reconnaît que tout peut se faire en France
par elle, aujourd'hui, il faut bien consentir à faire
quelque chose pour elle, en l'appelant à concourir
par sa prospérité à celle du Trésor, et à cet effet
approprier notre système de crédit public à ses
convenances. Il faut donc modifier ce système de
telle sorte que le mouvement des valeurs publiques
ne s'opère pas seulement à la Bourse de Paris, mais
encore sur tous les points de la France, pour qu'elles
soient à la portée de cette classe moyenne, que ce
résultat soit obtenu sans décentraliser l'administration de la dette publique, ni affaiblir les garanties
dues aux créanciers de l'Etat; que l'agiotage, cette
plaie de notre époque, soit, sinon détruit, au moins
bien restreint; que la nécessité d'employer les ca-

pitaux les fasse refluer vers l'agriculture, et donne naissance à l'esprit d'association pour l'exploitation des grandes entreprises industrielles, et qu'enfin l'Etat ne soit jamais tenu de rembourser plus qu'il n'aura reçu. Tel sera le but du nouveau système du crédit public que je vais proposer, de manière à ne permettre aucun doute sur la possibilité de son exécution.

M. Humann disait que l'idée de l'émission de bons de 1,000 fr. avait besoin d'être étudiée; qu'il était à désirer qu'elle pût être rendue pratique; c'est précisément dans cette idée que j'ai trouvé le germe du système que je vais faire connaître, et qui, par sa simplicité, me paraît aussi pratique qu'on peut le désirer.

On émettrait deux espèces de bons : les premiers, appelés bons de cours, seraient de 1,000 fr. chacun; les seconds s'appelleraient bons de rentes, au capital de 10, 20, 30, 40,000 fr., etc., et seraient destinés, soit à remplacer tous les titres de rentes actuels, soit à faire de nouveaux emprunts, si besoin était.

Les uns et les autres porteraient intérêt à raison de 4 p. 0[0 par an.

Ils seraient émis par séries, chacune de 50 millions, remboursables au pair et par série, toutes les fois que le Trésor y trouverait ses convenances. —

La somme de 50 millions serait partagée entre tous les départemens, au marc le franc du montant des rôles des quatre contributions directes.

La somme affectée à chaque département serait invariable, quelle que fût l'espèce de bons qui dût être émise, les bons de cours seraient émis de la manière suivante :

Art. 1er. — Un décret du gouvernement fixerait l'époque de l'émission de chaque série.

Art. 2. — Quinze jours avant cette époque, il serait ouvert chez tous les Receveurs-généraux et particuliers un registre sur lequel ils inscriraient les déclarations des personnes qui voudraient prendre des bons et qui signeraient leur déclaration.

Art. 3. — Quelques jours avant le jour fixé par le décret, les Receveurs particuliers transmettraient aux Receveurs généraux l'état des déclarans avec leurs noms, prénoms et domiciles.

Art. 4. — Les Receveurs généraux rempliraient les formules de bons aux noms des déclarans, et les transmettraient aux Préfets avec un bordereau qui en donnerait l'exact signalement, c'est-à-dire les noms, prénoms, domiciles, n^{os} des séries, d'ordre, date de l'émission, etc.

Art. 5. — Les Préfets, après les avoir collationnés avec les bordereaux visés, et y avoir mis un timbre sec spécial, les rendraient aux Receveurs généraux, qui en feraient la remise à qui de droit.

Art. 6. — Les bordereaux seraient imprimés, et plusieurs exemplaires en seraient adressés aux Receveurs des finances, à la Comptabilité générale et à la Cour des comptes.

Art. 7. — Les bons auraient cours forcé, mais seulement dans le département de leur émission, et dans les transactions qui excèderaient leur valeur, plus les intérêts acquis au jour où la cession en serait faite.

Art. 8. — Ils seraient transmissibles par simple voie d'endossement (1) et établis de manière à laisser le plus grand espace possible pour recevoir ces endossemens. Quand cet espace serait rempli, ils seraient

(1) Cet endossement ne garantirait que la vérité des bons.

échangés par les Receveurs généraux (1) qui devraient
donner aux nouveaux le même signalement qu'aux
anciens, et les passeraient à l'ordre des porteurs, ces
bons devant conserver le baptême du premier preneur
jusqu'à leur remboursement par l'État.

Art. 9. — Les intérêts seraient payés par les Receveurs des finances et par tous les Percepteurs,
d'après le mode qui serait prescrit par une instruction
règlementaire et sur des quittances signées par les
porteurs. Ces formules de quittances contiendraient
le signalement de chaque bon, conformément aux
bordereaux qui serviraient à les contrôler à la Comptabilité générale et à la Cour des comptes

Art. 10. — Ces bons deviendraient ainsi une nouvelle espèce de papier-monnaie qui augmenterait
d'autant la circulation des espèces, et offrirait aux
porteurs toutes les garanties possibles, puisqu'ils ne
pourraient être, ni contrefaits, ni perdus, ni volés,
et qu'il suffirait d'en conserver le signalement pour
les retrouver. Ils n'auraient aucun des inconvéniens
du papier-monnaie, et, loin d'être l'objet de cette répulsion que le souvenir des assignats a laissée dans
tous les esprits, en France, ils seraient avidement
recherchés par tous les capitalistes. (2)

(1) Au lieu de les échanger on pourrait y coller des allonges
comme aux effets de commerce.

(2) Ceci était écrit pour l'ancien gouvernement ; alors que l'a-
bondance des capitaux dans les départemens se révélait par
tant de signes qui ne laissaient aucun doute sur leur existence.
Ces signes reparaîtront avec la sécurité et la confiance dans l'a-
venir de la République ; s'ils ne reparaissaient pas, ce serait
une raison de plus d'y avoir recours.
Une émission immédiate de deux ou 300 millions de ces
bons à Paris et dans les départemens comblerait le vide que
fait, dans les transactions commerciales, la retraite des capitaux enfouis par la peur et préviendraient bien des sinistres en

DE L'ÉMISSION DES BONS DE RENTES.

Ces bons seraient émis à Paris, s'il s'agissait de l'échange des titres de rentes aujourd'hui en circulation, et dans toute la France, de la manière suivante, s'il s'agissait de faire un emprunt, mais toujours par séries, chacune de 50 millions.

Les articles 1, 2, 3, 4, 5 et 6, relatifs à l'émission de bons de cours seraient communs aux bons de rentes.

Art. 7. — Comme les bons de cours, ils participeraient à l'individualité des premiers preneurs dont ils porteraient, jusqu'à leur remboursement, les noms, prénoms, qualités, professions, etc.

Art. 8. — Ils seraient transmissibles par le ministère de tous les notaires de France, ainsi qu'il suit :

Art. 9. — Les notaires seraient pourvus d'une formule d'actes adoptée à cet effet, imprimée sur papier timbré, ou que les receveurs de l'enregistrement seraient tenus de viser pour timbre, de sorte qu'ils n'auraient que quelques blancs à remplir, à signer et mettre leur cachet. Cet acte resterait annexé à leurs minutes; et ils en délivreraient à l'acquéreur une expédition qui deviendrait son certificat de propriété, et devrait toujours suivre le titre. Cet acte serait enregistré, et le Receveur donnerait de suite avis de la

facilitant ces transactions. A cet effet les Receveurs-généraux remettraient ces bons aux Comptoirs d'escompte, aux Banquiers et aux Agens de change contre toutes les valeurs, sur diverses places qu'ils ne peuvent négocier, et qui seraient adressées par les Receveurs généraux et leurs collègues, valeur en compte avec le Trésor. Ces bons, ayant cours forcé, les Banquiers les emploieraient pour payer leurs propres engagemens.

mutation à son directeur, qui le transmettrait au directeur-général, et celui-ci à l'administration centrale, qui opérerait le transfert sur ses livres, et saurait toujours en quelles mains seraient les bons.

Art. 10. — La rétribution due aux notaires et à l'enregistrement ne devrait pas excéder le courtage ordinaire des agens de change, il serait fixé à 1 fr. ; par mille pour le notaire, et 25 centimes pour l'enregistrement, en tout 1[8 p. 0[0.

Art. 11. — Les intérêts de ces bons seraient payés par tous les Receveurs-généraux et particuliers, à la seule condition que, 15 jours au moins avant l'échéance, les porteurs d'un ou plusieurs bons de rente viendraient leur en donner les signalemens, afin qu'ils aient le temps de demander l'avis de l'administration centrale. Cette formalité ne serait nécessaire que la première fois qu'on voudrait être payé dans un nouveau département.

Art. 12. — Les quittances d'intérêt indiqueraient exactement le signalement de chaque bon, et les transferts auxquels il aurait donné lieu ; et après avoir été visés par l'administration centrale, qui seule pourrait vérifier les transferts, elles seraient admises par la Cour des comptes qui n'aurait qu'à les pointer avec les bordereaux d'émission qui, comme je l'ai déjà dit, formeraient le grand livre de cette dette.

Art 13. — Aucun fonds spécial d'amortissement ne serait affecté à ces bons de rentes, qui ne pourraient être amortis que par les excédans de recettes qu'on obtiendrait bientôt sur les dépenses portées au budget.

Art. 14. — Si, par l'effet de l'accroissement de la prospérité publique, ces bons étaient cotés à la Bourse à une prime élevée, il y aurait à examiner la question

de savoir si on ne pourrait pas rembourser les séries
à 4 p. 0[0 avec le produit de nouvelles, émises à 3 1[2
et même à 3 p. 0[0; mais je pense que le taux de
4 p. 0[0 n'est pas trop élevé pour l'État qui, vu l'importance et souvent l'urgence de ses besoins, doit
toujours s'assurer la possibilité d'avoir de l'argent
quand il lui en faut; d'ailleurs, la possibilité de rembourser au pair le met à l'abri de la chance d'être
obligé de rembourser avec usure comme dans le système actuel, et mettrait toujours un frein à l'agiotage.

Art. 15. — La collection des bordereaux d'émission
des bons de cours comme des bons de rentes, revêtue
de toute l'authenticité possible, et conservée à l'administration centrale, à la Cour des comptes et dans
les préfectures, formeraient le grand livre de cette
nouvelle dette.

Art. 16. — Chaque série émise aurait une échéance
particulière, les 5, 10, 15, etc., de chaque mois; par
exemple, afin d'éviter l'encombrement dans les bu-
reaux des receveurs des finances, les intérêts, par la
même raison, seraient payés par an et non par
semestre.

Il est inutile d'entrer dans de grands développe-
mens pour faire comprendre les avantages de ce système sur celui qui prévaut aujourd'hui. Dans le système actuel, l'Etat emprunte à 4 p. 0[0, mais il ne
reçoit que 75, qu'il ne pourra rembourser qu'avec
100, c'est-à-dire en donnant 33 p. 0[0 de plus qu'il n'a
reçu dans le mien; au contraire, il emprunte au même
taux, c'est vrai, mais au lieu d'éloigner sans cesse les
chances de remboursement, il s'en ménage qui sont
certaines, et, quand elles seront arrivées, c'est-à-dire
quand il y aura des excédans de recettes au budget;

quand, par l'effet de de la prospérité du Trésor produite par celle des individus, cette foule de signes qui
ne laissent aucun doute sur l'abondance de l'argent se
révèleront, il devra emprunter à 3 1|2 et même à
3 p. 0|0 pour rembourser ce qu'il aura emprunté à 4,
et fera sur les intérêts de sa dette une économie de
12 1|2 ou 25 0|0. On dira sans doute qu'il pourra se
présenter des circonstances où il sera obligé de payer
5 et même 6 0|0 ; mais je pose en fait :

1º Qu'en s'adressant à la classe moyenne, il sera
toujours moins usuré qu'en s'adressant aux agioteurs ;

2º Que plus les intérêts de cette classe moyenne
seront confondus avec ceux du Trésor, plus cette
classe sera conservatrice, plus nos institutions seront
consolidées par l'esprit public, éclairé par cette fusion ;

3º Que la vie des nations, c'est la paix, les crises
politiques et la guerre, passagères de leur nature,
n'étant que leurs maladies ;

4º Que plus les peuples avanceront dans la voie
du progrès, plus ces maladies deviendront rares, et
qu'on peut même prévoir le moment où les rapports
de peuples, multipliés par les chemins de fer, les
éclaireront assez sur leurs véritables intérêts pour que
ces maladies deviennent presque impossibles ; enfin,
si dans un moment de panique que je veux bien
admettre, mais que je croirais peu probable, si mon
système avait seulement quelques années d'existence,
on était obligé de faire un emprunt à 5 ou à 6 0|0,
six mois après on pourrait le rembourser avec un nouveau qui serait fait à 4. On ne pourra qu'être con-
vaincu de ce que j'avance, à cet égard, si on veut bien
ne pas perdre de vue ce que j'ai dit de la classe
moyenne et ce que je ne saurais trop répéter : c'est

son importance, née de la révolution et fondée sur la propriété qui caractérise la différence qui existe entre la société française et les anciennes sociétés européennes ; c'est en elle que se personnifie la nation, parce que c'est elle qui possède la plus grande portion de la fortune publique. Progressiste par instinct, elle est conservatrice par intérêt, et le deviendrait tous les jours davantage, si sa fortune s'identifiait avec celle de l'Etat. Les grands capitaux sont cosmopolites, et ce n'est pas à la Bourse qu'il faut aller chercher le patriotisme ; les petits capitaux, au contraire, sont patriotes. Qu'on transporte dans la classe moyenne les intérêts qui se débattent à la Bourse, et bientôt on verra naître en France cet esprit public, cette unité de dévoûment aux institutions qui font la force et la gloire des nations.

Je vais maintenant m'occuper de deux graves questions : celle de l'amortissement et celles des compagnies d'assurances et des associations tontinières.

La caisse d'amortissement est au crédit public ce qu'était naguère une majorité factice pour les anciens ministres, une source d'illusions. Son influence sur le cours des rentes peut être facilement remplacée comme on le verra bientôt ; mais elle n'est profitable qu'aux agioteurs qui prêtent 75 pour avoir 100 et donne une idée fausse du véritable taux de l'intérêt de l'argent.

La prospérité d'une grande nation n'est pas caractérisée par l'élévation des cours des titres de sa dette, elle ne peut l'être que par un budget normal présentant des excédans de recettes sur les dépenses, et quand ces excédans peuvent être affectés au rachat de sa dette. Alors seulement l'élévation des cours est un signe de prospérité publique ; mais cette élévation produite par des moyens factices et en présence d'un budget en déficit, n'est qu'une déception.

Il y a longtemps que l'Angleterre a supprimé sa caisse d'amortissement pour n'employer au rachat de sa dette que les excédans de recettes de ses budgets quand elle en a. Pourquoi ne ferions-nous pas comme elle? Il y a cette différence entre elle et nous, c'est que de longtemps peut-être elle n'aura pas d'excédans à employer à cet usage, tandis qu'en entrant dans mon système nous en aurons d'assez importans, non-seulement pour agir sur les valeurs publiques, mais encore pour mettre la République à même de remplir toutes ses promesses et faire la guerre au besoin. Je propose donc la suppression de la dotation de la caisse d'amortissement et l'annulation de toutes les rentes rachetées par elle, ce qui fait près de 120 millions de diminution de dépense ; mais pour mieux faire apprécier l'opportunité de cette importante mesure, je vais encore entrer dans quelques détails.

La dette publique en rentes sur l'Etat s'élève à environ 5 milliards. Les trois quarts, et peut-être plus de cette somme, sont en quelque sorte déjà immobilisés, soit entre les mains des rentiers qui ont acheté dans la seule vue d'avoir chaque semestre des intérêts à recevoir, et s'inquiètent peu de la hausse et de la baisse des cours, qu'ils regardent comme l'affaire de leurs héritiers plus que la leur, soit dans celles des établissemens publics dont l'Etat est le tuteur-né et qu'il ne peut rembourser, tel que les Caisses d'amortissement, des consignations, d'épargnes, les communes, les hospices, les établissemens de bienfaisance, les compagnies d'assurances, les tontines, etc. Il ne reste donc en circulation à la Bourse qu'un capital en rentes d'environ un milliard ou 1,200 millions.

Or, si dès 1830 on avait su produire un budget avec des excédans de recettes, ce qui était possible alors comme aujourd'hui, et qu'on ne se fût pas cru dans la nécessité de faire les nouveaux emprunts, qui se sont élevés, je crois, à 900 millions, que resterait-il de rentes en circulation ? Leur cours, en raison de leur rareté, ne se fût-il pas élevé à un taux fabuleux ? Il ne faut pas oublier que celui du 3 p. 0[0 était à 86 il y a deux ans, et serait monté bien plus haut sans la crise financière et le dernier emprunt.

Dans cette hypothèse, qu'aurait fait de leurs capitaux disponibles les établissemens dont l'Etat est obligé de garder la tutelle ? La suppression de la Caisse d'amortissement ne serait-elle pas forcée ? Ceux qui l'ont fondée ont-ils prévu que l'action de l'immobilisation suffirait un jour pour la remplacer ? Eh ! bien, si on reconnaît qu'elle eût été alors forcée, on doit l'opérer sans balancer dès à présent, car ce que je viens d'indiquer arrivera tôt ou tard. De deux choses l'une : ou on ne réussira pas à présenter un budget avec des excédans de recettes, ce qui doit être le but de tous nos efforts, et alors l'état de nos finances ira toujours en empirant ; ou on réussira, et alors plus d'emprunt, et bientôt les rentes en circulation seront absorbées par l'immobilisation qui augmente dans une proportion tous les jours plus grande. Il deviendra donc impossible d'éviter de se trouver dans cette alternative, ou de supprimer la Caisse d'amortissement, ou d'arrêter cette partie de l'action de l'immobilisation qui est opérée par les établissemens dont le gouvernement est forcé de garder la tutelle.

On nous dit (1) que les tontines qui n'ont encore que quelques années d'existence, ont déjà des souscripteurs pour plus de 500 millions réalisables en peu d'années. Ces établissemens s'adressent à la classe moyenne, il ne faut pas s'étonner d'un pareil succès ; il est une preuve de plus à l'appui de ce que j'ai dit sur le besoin qu'éprouve cette classe de trouver un emploi de ses épargnes, et bientôt, il faut s'y attendre, ces 500 millions seront doublés et triplés. Ne suffiront-ils pas à eux seuls pour soutenir le cours des rentes en circulation à la Bourse, et dont le nombre diminuerait tous les jours ? La dotation et le revenu de la Caisse d'amortissement sont donc inutiles pour la prospérité de nos finances, et on peut les supprimer sans inconvéniens.

Mais il y aurait un moyen tout aussi efficace de régénérer nos finances, et je crois qu'on le trouverait dans quelques modifications des rapports du Trésor avec les établissemens dont l'État est le tuteur obligé, les compagnies d'assurances et les tontines. Sans doute il est du devoir d'un bon gouvernement de favoriser l'épargne autant que possible ; mais il faudrait qu'en la favorisant, il évitât de créer pour l'avenir des embarras au Trésor, et de faire précisément l'inverse de ce qui devrait être ; c'est-à-dire, de faire que la prospérité individuelle fonctionne au préjudice de la prospérité publique, et c'est ce qui ne peut manquer d'arriver avec le système actuel. Si j'en juge par ce qui se passe autour de moi, ces tontines, jusqu'à présent, ne se sont adressées qu'à

(1) *Voir* dans la *Presse* du 18 novembre 1847 la lettre de M. de Montry.

la classe des artisans, à la partie la moins riche de
la classe moyenne. J'ai sous les yeux une liste d'environ 25 souscripteurs à une de ces associations ; ce
sont tous des gens de métiers ; cela tient sans doute
à ce que les agens, étant peu rétribués, sont pris dans
les rangs inférieurs de la société, et ont peu de rela-
tions avec la partie riche de la classe moyenne ; mais
en tout, les commencemens sont difficiles, et comme
en France tout se fait par entraînement, par mode,
si toutes les parties de la classe moyenne se laissent
persuader des avantages qu'elles doivent trouver à
faire des placemens aux tontines, les souscriptions
qui, dans quelques années se sont élevées à 500 millions, seront bientôt de plusieurs milliards destinés à
être immobilisés en rentes, et ces rentes ne pourront
être acquises qu'à un taux très-élevé, à moins que
l'Etat ne fasse sans cesse de nouveaux emprunts, qui
augmenteraient les titres en circulation, à mesure
qu'ils s'immobilisent. Le vice de ce sytème est facile
à saisir (1) ; mais les chances que ces tontines offrent
à leurs souscripteurs ne sont pas le seul attrait qui
peut en assurer le succès ; il en est un autre plus direct
et plus certain ; c'est celui qui leur a donné naissance :
l'intérêt des fondateurs, qui en sont les administra-

(1) L'État emprunte aux agioteurs, qui ne sont que les inter-
médiaires entre lui et les véritables prêteurs ; les agioteurs réali-
sent un bénéfice aussitôt qu'ils ont réussi à en faire naître l'occasion ; les valeurs émises finissent par être immobilisées par les
établissemens patronés par l'État et qui deviennent ainsi à per-
pétuité ses créanciers directs. Ne vaudrait-il pas mieux éviter
le concours des agioteurs et considérer comme empruntées directement les sommes disponibles de ces établissemens, qui les
verseraient au Trésor, en recevraient l'intérêt à raison de 4 0|0
et seraient remboursées au pair quand il y aurait lieu? On y
gagnerait les 35 0|0 dont on est usuré quand on emprunte du
5 0|0 à 75, qu'on ne pourra rembourser qu'en donnant 100,
c'est-à-dire un tiers en sus.

teurs. Ces associations sont dans l'usage de se faire
payer comptant le jour où la police est passée, 5 p. 0[0
du montant total de la souscription, pour frais de gestion, plus deux francs pour le coût de la police. Or,
sur 500 millions déjà souscrits, elles ont donc perçu
25 millions pour frais de gestion, plus un million environ pour 500,000 polices, ce qui fait, si je compte
bien, près de 26 millions, dont ils ne doivent compte
qu'à eux-mêmes, et qui sont perçus et encaissés en
sus des 500 millions, sur lesquels les commissaires
du gouvernement exercent, je veux bien le croire,
une rigoureuse surveillance. N'est-ce pas une manière
fort intelligente de se créer une belle position, et
ces Messieurs ne sont-ils pas plus que personne intéressés à faire tous leurs efforts pour assurer la prospérité des établissemens qu'ils ont fondés? Aussi
voyons-nous souvent surgir de nouvelles combinai-
sons qui donnnent lieu à la création d'une nouvelle
association. On peut prévoir que la responsabilité d'un
si grand nombre et de si importans dépôts finira par
devenir, pour le Trésor, un embarras semblable à celui
occasionné aujourd'hui par les dépôts des caisses d'é-
pargnes.

On avait proposé au gouvernement de s'emparer
de toutes les compagnies d'assurances et des associations tontinières pour les réunir en une seule administration. C'eût été créer un nouveau monopole au
préjudice de droits acquis ; j'ignore si on a été retenu
par cette considération en renonçant aux bénéfices
que cette mesure aurait procuré au Trésor ; mais il
est certain que les rapports de ces établissemens avec
l'Etat peuvent être modifiés de manière à procurer de
grandes ressources. Ce que je vais dire à ce sujet

peut aussi s'appliquer à tous les autres établissemens patronés par l'Etat, les caisses d'épargnes, les communes, les hospices, etc., qui sont obligés d'employer en rentes sur l'Etat les capitaux qu'ils doivent immobiliser.

Il importe peu à ces établissemens d'être créanciers de l'Etat, en vertu d'une inscription de rente ou de tout autre titre, pourvu que leurs intérêts leur soient bien payés et qu'au besoin ils soient remboursés. Je propose donc : 1º que les sommes qu'ils auront à immobiliser à l'avenir soient considérées comme empruntées directement par le Trésor, qui les recevrait en compte-courant, leur en paierait l'intérêt à 4 p. 0[0 et les rembourserait en espèces ou en bons de cours ou de rentes ; mais ce serait presque toujours en espèces attendu que la somme des placemens de tous ces établissemens réunis est annuellement plus forte que celle des remboursemens, et le Trésor pourrait employer la différence à ses besoins ; 2º que toutes les rentes acquises jusqu'à ce jour par ces établisemens puissent être vendues, et le produit porté au crédit de leurs comptes au Trésor qui l'emploierait à l'extinction de la partie remboursable de la dette flottante. On objectera qu'une aussi grande quantité de titres de rentes jetés à la fois sur la place pour être vendues, au moment surtout où on supprimerait l'action de la caisse d'amortissement, opérerait un bouleversement qui équivaudrait à une déconfiture. Cette observation, toute fondée qu'elle paraît être, est facile à réfuter ; mais pour cela il faut revenir sur l'ensemble du système que je propose.

Le produit des contributions progressives et somptuaires suffira, je pense, pour permettre à la République de tenir toutes ses promesses :

1º La suppression du timbre des journaux et écrits périodiques ;

2º La réforme postale complète, c'est-à-dire la taxe uniforme à 10 centimes ;

3º La suppression de tous les droits sur le sel ;

4º Celle du décime de guerre.

La dotation de la caisse d'amortissement étant supprimée, et les rentes rachetées par elles annulées ; la somme de près de 120 millions affectée dans le budget de dépenses de 1848 à ces deux articles seraient disponibles et deviendraient un véritable excédant de recettes susceptible, dans mon système, d'être employé en tout ou en partie à racheter des rentes si on n'en avait pas un meilleur emploi. Mais il ne s'agit plus de cela ; la véritable question est celle-ci : pour moraliser un peuple ; ne doit-on pas commencer par moraliser ses institutions ? Doit-on, au sujet des emprunts, persister dans un système d'agiotage et d'usure qui nous a déjà coûté si cher et qui a donné lieu à tant de fortunes scandaleusement acquises ? Ou doit-on, au contraire, lui préférer celui que je propose, avec lequel l'Etat ne serait jamais tenu de payer plus qu'il n'aurait reçu, qui mettrait un frein à l'agiotage ; qui se pratiquerait sur toute la surface de la France, s'adresserait à la classe moyenne qui possède une masse de capitaux bien autrement importante que celle des agioteurs qui règnent à la Bourse, qui étendrait de beaucoup le nombre des intéressés au maintien de nos nouvelles institutions ; qui, enfin, résoudrait tous les grands problèmes financiers dont on s'est tant et si inutilement préoccupé depuis quelques années. Si donc, ce dernier système était jugé préférable à celui qui a prévalu jusqu'à présent, il faut y entrer franchement et sans hésiter. Jamais il ne se présentera une plus belle occasion que celle que les circonstances actuelles nous offrent ; les valeurs publiques éprouvent aujourd'hui une grande dépréciation ; loin de moi la pensée d'en profiter en commettant une injustice à l'égard de ceux qui en sont porteurs ; mais sans être injuste je crois qu'on pourrait leur faire une proposition qu'ils accepteraient. Ce serait celle d'échanger leurs inscriptions de rentes contre de mes bons de cours ou de rentes en prenant pour base le cours de 75 pour le 3 p. 0[0, ce qui fait le pair de 4 p. 0[0, et le cours de 100 pour le 5, 4 1[2 et 4 p. 0[0 qui laisserait à l'Etat le bénéfice de cette conversion si longtemps demandée et toujours victorieusement combattue par les rois de la Bourse. Si cet échange avait lieu, la confiance et le crédit ne tarderaient pas à renaître ; les bons de cours et de rentes seraient bientôt cotés à primes à la Bourse ; les 120 millions affectés dans notre budget à la caisse d'amortissement deviendraient un véritable excédant de recettes sur les dépenses, et cet excédant s'accroissant : 1o de la différence entre les versemens et les retraits de fonds faits par les établissemens patronés par l'Etat ; 2o du bénéfice provenant de la conversion des rentes ; 3o de ce que contient la liste civile et les apanages ; 4o des revenus des biens domaniaux ; 5o enfin, des économies qui pourraient être le résultat de la suppression des emplois inutiles et la réduction de quelques gros traitemens mettraient nos finances dans un état de prospérité tel qu'on ne l'aurait jamais vu pareil. Nous serions prêts pour la guerre comme pour la paix.

PROJET D'EMPRUNT

POUR

LES VILLES ET LES DÉPARTEMENS.

Les villes les mieux administrées sont les villes endettées*. Cette maxime, qui ressemble d'abord plus à une hérésie qu'à un aphorisme, est cependant d'une vérité incontestable. Quand une commune a un excédant de recettes à la fin de l'année, on le dépense bien plus légèrement, et c'est beaucoup quand il n'est pas gaspillé : l'argent de la communauté n'appartient à personne, on s'enquiert peu de ce qu'il devient, et on se contente d'en critiquer l'emploi quand il est fait. Dans les villes endettées, au contraire, chacun est soucieux de ce que deviennent ses ressources : c'est le sujet de toutes les conversations dans les lieux publics; les discussions du Conseil municipal se ressentent de l'anxiété générale sur ce point; elles sont plus animées, plus éclairées, plus approfondies, enfin le contrôle que ce Conseil exerce sur les actes du Maire est bien plus efficace. Cette sollicitude de la population pour les intérêts communs doit aussi exercer une grande influence sur les élections municipales, chacun comprenant la nécessité de ne nommer que des hommes qui se recommandent par leurs lumières et leur probité. Cela posé, je voudrais qu'une ville fût toujours endettée d'une somme à peu près égale au montant d'un ou deux de ses budgets ordinaires. Mais il ne faudrait pas qu'elle s'endettât par un emprunt fait aux grands capitalistes; il faudrait au contraire qu'elle

---

* Les capitaux se resserrent , tous les hommes vraiment désireux de contribuer à la prospérité de la République doivent s'appliquer à trouver des moyens pour les forcer à rentrer dans la circulation , et pour faire travailler les ouvriers. Dans cette vue , je voudrais que toutes nos villes s'endettassent en faisant des emprunts à la classe moyenne qui , peut-être aujourd'hui, les leur prêterait avec moins de répugnance qu'à l'État.

eût pour créanciers le plus grand nombre possible de ses habitans, en adoptant un système d'emprunt analogue à celui que j'ai proposé pour l'Etat, et qui s'adressât à cette classe moyenne que j'ai déjà définie. Voici comment cet emprunt pourrait être fait :

Quand une ville aurait été autorisée à contracter un emprunt pour une somme déterminée et pour un temps donné, cette somme serait empruntée au moyen d'une émission de bons de 500 fr. et de 1,000 fr.

Pour éviter les pertes d'intérêts d'argent, on diviserait cette somme en un certain nombre de petites sommes suivant les époques des besoins de la commune ; chaque petite somme formerait une série d'emprunt, et l'émission des bons aurait lieu à des époques fixes de chaque mois (le 15 par exemple) ; ces époques seraient distancées suivant les besoins.

Quelques jours avant celui fixé, un registre serait ouvert chez le Receveur de la commune pour y inscrire les déclarations des personnes qui voudraient prendre des bons d'emprunt; le Receveur remplirait les formules aux noms, prénoms et qualités des déclarans.

Il les transmettrait au Maire avec un bordereau contenant tous les détails portés sur les formules de bons.

Les Maires, après les avoir visés, timbrés, enregistrés et collationnés avec le bordereau, les transmettraient au Préfet ou au Sous-Préfet, qui ferait les mêmes opérations et adresserait une copie du bordereau à la Cour des comptes et à la Comptabilité générale.

Ce bordereau, qui serait le grand-livre de la dette communale, serait rendu authentique autant que possible, et conservé à la Mairie, à la Préfecture et à la Cour des comptes.

Les intérêts à 4 0⁄0 seraient payés annuellement par le Receveur municipal sur des formules de quittances qui contiendraient le signalement de chaque bon tel qu'il aurait été porté sur le bordereau d'émission qui servirait à contrôler ces quittances lors de la reddition des comptes de gestion du Receveur.

Ces bons seraient transmissibles par simple voie d'endossement; ils seraient échangés contre de nouveaux quand l'espace réservé aux endossemens serait rempli et passés par le Maire à l'ordre des porteurs ; le Receveur aurait soin de conserver aux nouveaux les mêmes signalemens qu'aux bons échangés , ces bons devant conserver le baptême du premier preneur jusqu'à leur remboursement.

Lors de l'émission, on devrait toujours donner la préférence aux déclarans ayant les plus petites sommes à placer, afin de favoriser la classe moyenne et d'augmenter le nombre des intéressés à la bonne gestion des derniers communaux.

Les Receveurs feraient gratuitement fonction d'agens de change pour l'achat ou la vente des bons en circulation.

Les fonds libres des communes et leurs économies pourraient être employés en achats de leurs propres bons dont les intérêts courraient à leur profit, et seraient portés en recette par le Receveur.

Ces bons, ainsi rachetés, figureraient comme valeurs de portefeuille dans la comptabilité du Receveur, aussi longtemps que les besoins du service n'exigeraient pas leur remise en circulation, et les Maires pourraient ainsi avoir toujours une réserve prête à faire exécuter des travaux qui , n'étant pas d'urgence, seraient laissés pour les mauvais temps.

Quand le terme de l'emprunt approcherait, on se mettrait en mesure de le rembourser en tout ou en partie, soit par un nouvel emprunt à un autre taux, si celui de l'intérêt des capitaux était changé à l'époque où il aurait lieu, soit par des économies sur les dépenses ordinaires qui pourraient être beaucoup diminuées.

Les villes auraient toujours le droit de rembourser leurs emprunts par séries et au pair quand elles le jugeraient convenable.

Le même système avec quelques modifications de détail pourrait être adopté pour les emprunts départementaux.

Ce plan d'emprunt est aussi simple que facile à mettre à exécution, et il n'est pas besoin d'être doué d'une grande sagacité pour comprendre tous les avantages qu'il aurait; surtout si toutes nos villes consentaient à s'endetter du montant de un ou deux de leurs budgets ordinaire. La circulation serait augmentée d'un énorme capital pris sur les épargnes de la classe moyenne, les villes s'embelliraient et seraient toujours prêtes à donner du travail à la classe ouvrière dans les plus mauvais temps, le nombre des intéressés au maintien des institutions augmenterait de tous les porteurs des bons d'emprunt, de meilleurs choix seraient faits pour remplir les fonctions municipales, et l'on verrait enfin naître en France cet esprit public qui y manque essentiellement et qui fait la force de l'Angleterre.